Marie de France

L'espurgatoire Seint Patriz

La fable du Purgatoire de Saint-Patrice, suivant les savants bollandistes, prit naissance vers le commencement du XIIe siècle, et fut l'ouvrage d'un moine nommé Henri[1]. Deux autres religieux Anglois ont également décrit les cérémonies qui avoient lieu dans la caverne de l'Irlande. L'un est le moine de Saltrey qui fit hommage de son travail à l'abbé de son monastère, l'autre est un moine de l'ordre de Cîteaux, dans le duché de Lancastre. Ce dernier ce nommoit Jocelin et florissoit vers la fin du XIIe siècle[2]. Ces deux derniers textes latins se trouvent souvent dans les grandes bibliothèques[3]. Un trouverre Anglo-Normand, qui ne se nomme pas, mais qui étoit contemporain de Marie, s'est emparé du sujet de ce conte et l'a mis en vers François[4]. Le grand d'Aussy l'a traduit en prose[5] d'après la version de Marie.

Ce poëme a été depuis mis en vers Anglois, sous le titre *d'Owaine miles*[6], à cause du héros qui descend dans la fameuse caserne du patron de l'Irlande.

Cet *Owaine* que les manuscrits d'Angleterre appellent *Ouen, Oven, Ewen, Owein, Owen,* est messire Yvain , fils du roi Urien, l'un des vassaux du roi Arthur, et l'un des plus vaillants chevaliers de la Table-Ronde, dont notre célèbre Chrestiens-de-Troyes a rimé les aventures dans le roman du *Chevalier au Lion*[7], sans cependant parler de son voyage en Enfer et en Paradis.

Le Purgatoire de Saint-Patrice, fut ainsi nommé, parce que ce-

---

[1] *Acta sanctorum. Fita sancti Patricit.*

[2] Catalogue des manuscrits de Cambis, p. 420

[3] Cette fable a été adoptée par l'historien Mathieu Paris sous l'année 1153. On la trouve également dans quelques bréviaires anciens, puis dans le roman de Guérin-Mesquin, lequel fait partie de la Bibliothèque bleue.

[4] Man. *Bibliothèque Harléiène*, n° 273. Cette version qui renferme à-peu-près 700 vers, n'existe point parmi les manuscrits de la Bibliothèque du Roi.

[5] Fabliaux in-8°, tom. IV, p. 71.

[6] *Bibliothèque Cottoniène*, Caligula A. II. Voyez Ritson, *Ancient engleish metrical romanceës*, tom. III, p. 225

[7] Man. du roi, fonds de Cangé, n° 27, *olim* 69, et ancien fonds n° 7535-5.

lui qui le visitoit en sortoit purgé de ses péchés. Ce trou étoit à deux lieues de Dungal, dans une petite île située au milieu d'un lac que forme le Derg.

Le pape Alexandre VI ordonna sa destruction ; Henri VIII s'étant séparé de l'église romaine, le fit combler en partie ; et enfin, Jacques Ier acheva l'ouvrage de l'un de ses prédécesseurs. Cependant les catholiques du pays ont toujours conservé une grande dévotion pour ce lieu, et y vont encore en pélerinage.

Rien ne ressemble plus à la descente d'Enée aux Enfers, que la descente d'Yvain au purgatoire. Des deux côtés on y rencontre des Limbes, un Tartare, un Elysée. Nul doute que le moine auteur n'ait pris dans Virgile l'idée de sa fiction et qu'il ait adapté les fables de l'antiquité à sa religion.

Quelques savants, et particulièrement Warburton, ont prétendu que ce voyage d'Enée aux enfers n'étoit qu'une allégorie de l'initiation aux mystères d'Eleusis.

Les épreuves périlleuses que devoit subir l'initié, se retrouvent également dans le Purgatoire de Saint-Patrice.

Sans rejeter entièrement cette opinion, Le Grand-d'Aussy pense que la description de l'antre de Trophonius a servi de modèle à l'auteur du moyen âge, pour composer la sienne. Pour entrer dans l'un et dans l'autre, il falloit s'y préparer par des purifications et par des prières ; on y étoit conduit de même par des prêtres. Enfin quand on en étoit sorti, il falloit écrire tout ce qu'on avoit vu ou entendu, et ces dépositions étoient précieusement conservées dans le temple.

Il est à présumer que le moine auquel on doit la description du Purgatoire de Saint-Patrice, aura pris le fonds de son idée dans l'ouvrage de Pausanias ; qu'il aura emprunté à Virgile de quoi embellir sa fiction ; puis il aura profité de ce qu'il avoit trouvé chez les deux écrivains de l'antiquité, pour y coudre une histoire capable de donner à son ouvrage une forme dramatique, et le rendre plus intéressant par le merveilleux qu'il y a introduit.

Marie prévient qu'elle a traduit ce poëme à la prière d'un homme prudent et sage, dont elle a reçu des bienfaits. Le peu de détails que nous avons sur la vie privée de cette femme illustre, ne permet pas de pouvoir découvrir le nom de la personne à laquelle elle a fait cet hommage ; on voit seulement par le début du poëte, qu'il étoit au nombre de ses protecteurs et l'un de ses amis. Gautier de Metz, auteur d'un poëme intitulé : *l'Image du monde*[8] fait mention des merveilles du Purgatoire de Saint-Patrice[9] ; il fait connoître le sort de ceux qui avoient entrepris d'y descendre et qui avoient eu le bonheur d'en sortir. Il est à présumer que Gautier de Metz n'avoit aucune connoissance des originaux latins publiés par les moines de Saltrey, Henri et Josselin, ainsi que des traductions françoises du trouverre anonyme et de Marie. Dans tous les cas, cette dernière version doit avoir été publiée avant l'année 1245. Gauthier écrivit peu de temps après son Traité, et ne le fit paroître qu'en 1265[10].

---

[8] *Bibliothèque du Roi*, man. N° 7534, 7595 et 7989^2 de l'ancien fonds ; M. n° 18, N., n° 5, fonds de l'église de Paris. Voy. *Notices des manuscrits*, tome V ; *Glossaire de la langue Romane*, Tom II, p. 761. *Catalogue de la Vallière*, tom. 1ᵉʳ, p. 62, et Tom II, n° 2721.

[9] Le poëte s'exprime en ces mots :
En Irlande si est un Leus
Ke jur et nuit art cume feus,
K'um apele le Purgatore
Seinz-Patriz, è est teus encore
Ke s'il vunt aukunes genz
Ki ne seient bien repentanz,
Tantost est raviz è perduz,
K'um ne set k'il est devenuz.
S'il est cunfez è repentenz
Si va è passe meinz turmenz,
E s'espurge de ses péchiez ;
Kant plus en a, plus li est griez.
Ki de cel liu revenuz est
Nule riens jamès ne li plest
En cest siècle, ne jamès jur ;
Ne rira mès, adez en plur ;
E gémissent les maus ki sunt
E les péchiez ke les genz funt.
L'Image du monde, man. n° 7989^2 Fol. 143 v°. Col. I, et man.., fonds de l'église de Paris N. n° 5, Fol. 72, I° col. 2.

[10] Dans le man. M. n° 18, fonds de l'église de Paris, l'auteur termine par les vers suivants :
Ci finist l'Image du monde...
En l'an de l'incarnation,
Ot-on à l'Aparition

PURGATOIRE DE SAINT-PATRICE[11]

Al non de Deu qui od nus seit,
E qui sa grace nus en-veit,
Voil en Romanz mettre en escrit
Si cum li livres le nus dit ;
En remembrance è en mémoire
Des grans peines del' purgatoire[12]
K'à Seint Patriz volt desmustrer[13]
Le Liu où l'om i diet entrer.

Uns Prudom m'ad piéça requise
Pur ço m'en sui ore entremise,   10
De mettre mei en cel labur,
Pur révérence, è pur s'onur,
E si lui plest, è il le voille,
K'en ses bien-faiz tuz-jurs m'acoille,
Dirai-ço ke j'en ai oï ;
Beau-pière, or entendez ici.
Jà seit iço ke jo désir
De faire à grant profit venir,
Plusurs genz è els amender,

Mil deus cenz quarante cinq ans
En primiers troveiz cist Romanz
Et en escris cis livres droit
Quant li miliaires corroit
L'an mil deux centz sixante et cinq.

[11] Cette pièce ne se trouve que dans le manuscrit du fonds de l'église de Paris, N., n° 5, fol. 102, r° ; elle est intitulée : *Ci parout des peines que sunt en Purgatoire.*
[12] Man. *Des peines del' Purgatoire.*
[13] *D'els mustrer.*

E servir Deu plus, è duter.   20
Jà de ço ne m'entremesisse,
N'en estudie ne me mésisse,
Si ne fust pur vostre prière
K'en mun quer è duce et chière,
Poi en ai oï è véu,
Par-ço-ke j'en ai entendu ;
Ai-je vers Deu greignur amur,
De Deu servir mun créatur
Par-quei jo vodrai à ovrir
Ceste escripture è descovrir.   30

Mulz essamples nus met avant
Seint Grégoire, en sermunant
Des espiriz qui sunt es cors,
E des autres qui sunt defors,
E des choses qui sunt nuisables[14],
Horribles, è espuvantables,
Pur espunter les corages
Des pécheurs, è des nun-sages,
Des tristesces k'il averunt,
E les almes bien sufferunt[15] ;   40
E pur mettre en cumpunciun,
E en greigneur dévocium,
Cès qui volent à Deu pleisir,
E le sueu regne deservir.
Pur ço plus ententivement,
Pur amender la simple gent,
Voil desclore ceste escripture,
E mettre, pur Deu, peine è cure.

---

[14] Man. *Musables* et à la rime *espuntables*.
[15] Man. *E les almes sufferunt.*

Seignurs al éissue del' cors
Quant les almes se issent fors,   50
Li bon Angle i sunt en présent :
Li mal vienent tut ensement[16]
Li bon Angle, c'en est la sume,
Receivent l'alme del Produme ;
En joie è en repos la mettent,
E li Diable si s'entremettent
De males almes turmenter,
E en péril od els mené ;
Solune[17] ço k'eles unt ovré,
Lur ert ilueke guerdoné ;   60
Unkor nus dit apertement[18],
Ke plusurs almes veirement,
Enk ke des cors puissent partir
Veient ke lur ert à venir.
Plusurs par révélaciun
D'autres è par avisiun,
Ou par juré dreite conscience
Solum ço ke il unt licence.
Plusurs des almes, veirement,
Veient devant lur finement   70
Avisums, è sunt ravies,
Puis repeirent as cors en vies ;
E mustrent ço ke unt véu
Ou de turment ou de salu.
Co ke les Bons deivent aver,
E ke li Mal deivent crémer,
Il veient espiritelment,
Ço ke semble corporelment.
Il veient ewe è punz-levez,

---

[16] Man. *Li mal rienent ensement.*
[17] Man. *Solum.*
[18] Unkore.

Feu, è maisuns, è bois, è prez,   80
E Homes de divers semblanz,
Ou neirs ou blancs aparissanz.
Autres choses veient plusurs
Semblanz à joie u à dolurs,
Puis lur est avis ke treis sunt
Par mains, par piez là ù peine unt,
Puis sunt penduz è flaélez,
E en ord liu après jettez ;
Autres mals suffrent veirement
Qui ne se descorde nient,   90
Al cunte ke cunter voluns
E ke nus comencé avuns.

Plusurs coveitent à seveir
Des almes, ci nus dit pur veir
Coment eles eissent des cors,
E où vunt quant eles sunt hors.
Pur ço ke nus, certeinement,
Ne savons nul avéiement :
Devom plus cremer è doter,
Ke enquerre ne demander,   100
Qui sereit li fols ni desvez,
Hors de sun sen è afolez,
Qui alast là où ne sust
Quels mals à-venir li dust ;
Del alme est-il tut autresi,
Nus ne savons nient ici :
Puis k'ele est hors del cors traite
C'est solume l'ovre k'ele ad faite.
Meis male mort ne dutum mie,
Ne vient pas après bone vie   110
Ne pur ele nus sumes certeins,
Ke solune l'oure unt, plus u meins,

Des peines del' Purgatorie[19] ;
Més cil qui attendent glorie
Povent bien à tormenz venir[20]
E travail è peines suffrir.
Cil qui sunt ici dreiturier[21]
E qui meins i volent péchier
Pur aver permenable vie,
Là passerunt, ne dotuns mie,   120
Pur estre espurgez de lur mals,
Puis s'en instrunt si serrunt sals.

Ici vus mustreruns des peines[22]
Ke de tute dolur sunt pleines :
Aparillées sunt è tels
Cum fuissent en lius corporels.
Tels est de Deu la purvéance
Les greignurs turmenz sanz dutance
Sunt plus parfunz è plus custus
E li autres sunt meins grevus.   130
Pur ço atendent la merci
E n'èrent pas del' tut péri ;

Autresi esr d'Enfer li lius
Desu est terrre parfunz, è Cius,
Si cum chartre est ténébruse
A cels qui néissent périlluse.
En terre ad-il un parewis
Vers Orient où Deu l'ad mis ;
O les almes sunt amenées,
Quant de peine sunt délivrées.   140

---

[19] Man. Espurgatoire.
[20] Povent à tormenz venir.
[21] Icil.
[22] Munstruns.

Ici trovum en nostre escrit,
K' iluec demuèrent à délit ;
Ailliurs nus dit seint Augustins,
Qui prodome fud è bon devins,
Ce plusurs almes sunt gardées,
Par divers lius è escunsées,
Ou en repos ou en dolur,
Solunc lur œvre è lur labur.
Issi serrunt dèsk'à là sise
Ke Deus vendrat à grant juise :   150
Seinz Grégoires dit autresi
En ses livres, k'avons oï,
Des nun corporels espiriz,
Qui poent estre ars è bruiz
El siècle del' feu corporel.
Aillurs trovons nus autretel
Ke les almes qui sunt eslites,
A Deu è par lur bien parfites,
Vont el turment de Purgatorie,
Après cel mal irrunt en glorie.   160
Les unes sunt en gref turment
Plus ke les autres veirement ;
Icist turment sunt esconsé,
A la gent ne sunt pas mustré,
Pur ço k'il sunt espiritel,
E ke li home sunt mortel,
Ne purquant par révélaciuns
Véïent è par avisiuns
Plusurs des almes meinz granz signes
Solunc iço k'eles sunt dignes,   170
Quant eles sunt des cors ravies,
Par Deu revenent à lur vies ;
E disent bien par la mustrance
De cel espérite substance,

Ke semblable est à corporel ;
Co k'il véïent espéritel.
E si nus dit ke hom mortel
Unt ço véu è corporel
Si cume en forme è en semblance
De Home corporel sustance.   180
Qui crerreit ço véréïment
Si n'ne éust démustrement
Ceste chose estre vérité,
Ke nus avoms ici mustré,
Si j'ai bien éu en mémoire,
Ço ke j'ai oï en l'estoire,
Jo vus dirrai veraïement,
En ordre le commencement.

Seignurs, entendez la raisun :
Un seint hum fud, Patriz out nun,   190
Mult fud religius è ber
Pur la parole Deu mustrer.
Alad en prédicaciun
En Yrlande od dévociun ;
Il fud li secunz qui là mist
La lei Deu è tenir la fist.
Deu fist pur lui vertuz è signes
E miracles, Kar il ert dignes ;
Mult s'entremist dévotement
De mettre en ceus entendement   200
Qui èrent de fole créance
Ke jetté fuissent hors de rance ;
Lur bestial cors nun estables
Voleit faire à Deu covenables,
E mult l'espoentat sovent
Par l'enfernal encumbrement,
Des peines ke ci averunt,

Qui en Jhesu-crist ne crerrunt.
E mult sovent lur récitat
Des granz joies k'il lur mustrat   210
Où tuz cil deivent parvenir,
K'il volent amer è servir ;
De ço les fist-il entendanz
Par ço ke il fuissent créanz

Quant el pais avait esté
Seinz Patris, è de Deu mustré
Encontre la Pasche est venuz
Uns Home à li veuz è chanuz.
En confessiun li conut
K' unkes le cors-Deu ne reçut ;   220
Por ço ke moines ert è prestre
Lui volt tut regéhir sun estre.
Confès se fist, ne célat mie
Einz lui cuntat tute sa vie ;
Por ço k'il volt procheinement
Reçeivre è plus dignement
Le cors nostre seignur Jhesu,
K'il n'aveit unkes reçéu.
Por ço k'il ne saveit comprendre
Sun language, ne rien entendre   230,
Il fist un Latinier venir
Pur lui mustrer è à ovrir.
Co ke li velz Hom li diseit,
E dunt il se regéiseit.
Tute dist sa cunfessiun
Ni parlad rien de occisiun :
N'ert pas péchié, ço lui ert vis,
Si il aveit Home occis.

Seinz Patriz lui ad mult enquiz

Se il en aveit nul occis ;   240
Il respundi cink en ai morz,
Quelke ço est ou dreiz ou torz,
E mulz navrez ; mès ne sai mie
S'il returnereient puis à vie ;
Ne quidai pas , bien le sachez,
Ke ço fust dampnables péchez .
Li Seinz-Deu lui mustra è dist
Ke ço ert encontre Jhesu-Crist
E ke mult en aveit perdu
Sun Créatur è offendu.   250
Li veuz Hom lui criad merci !
Sire, dist-il, pur Deu vus pri,
Ma pénitence me chargez,
Ore avez oï mes péchiez.
Il lui chargea mult bonement,
E la receut dévotement.
En cel païs est-il en us
Ke cil qui meffunt tut le plus,
Quant il vienent en grand aage
Qui sunt plus fiers en lur corage,   260
De grief pénitence suffrir,
Pur la Deu grace déservir.
Cest essample lur volt mustrer
Li Seinz-Deu pur els afraier.

Quant Seinz-Patriz aveit parlé
A la cel gent, è démustré
Que Deu la grand puissance veire
Ni aveit nul qui volsist creire
S'il ne mustrat certeinement
K'il véïssent apertement   270
Les joies dunt il ad mustré
E les peines dunt ad parlé

S'il véïssent mielz crerreient
Ke ço que dire les oreient.
Seinz-Patriz li Bons-eurez
Fud bien de Deu, è mult privez ;
Nuit è jur fud en oreisuns,
En veilles, è en afflicciuns,
En jéunes è en tristur,
Pur requerre Nostre Seigneur,   280
Del pueple k'en éust merci,
E k'il n'en fussent tuz péri.
En celle entente k'il esteit
Des oréïsuns k'il feseit,
Jhesu-crist lui vint en présent,
Si cum il avait fait sovent ;
Un tixte de évangeilles plein
Lui donat è mist en sa mein,
E un bastun k'il dust porter
Quant il al pueple dut sermoner :   290
Uncor sunt el païs gardé
Pur reliques en grant cherté.
Pur ço ke le bastun dona
Deu à sun serf è comanda
Apele l'um icel bastun
Le bastun-Deu k'en fist le dun.
Itels choses deit cil aveir
Ki eveske est deit purseir
Co nus mustre Malachias
En savie nel' dutez pas.   300

Après cest fait Deus amena
Seinz-Patriz è si li mustra
En un désert un lius gastez,
Qui de gent n'ert pas habitez,
Une fosse tute runde

Si ert dedenz grant et parfunde ;
E sachez k'ele esteit obscure
Espuntable à démesure.
Puis lui dist k'iluek ert l'entrée
De Purgatoire et trovée, 310
E qui fust de ferme créance,
E esut en Deu espérance,
E fust confés de ses péchiez,
E en après acommuniez.
E purreit ci dedenz entrer,
E s'il i purreit demurer,
Un jur è une nuit entière,
E par ci revenir arère,
Tut serreit netz de ses péchiez,
E de ses meffaiz espurgiez, 320
De quant k'il out fait en sa vie ;
E si verriez, ni faudreit mie,
E les peines, et les dolurs,
E tuz les turmenz de pécheurs,
E les grands joies des Esliz,
Verreit s'il fust en Deu parfiz.
Si tost cum Deu li out ço dit,
Ke devant sa face s'esvanit ;
Li Seinz remist tut repleniz,
E de la grace-Deu garniz. 330
Mult fud haitiez de sun seignur
Ke il aveit véu le jur,
E de la fose veirement
K'il poeit mustrer à la gent ;
Pur ço quida ke li plusur
Bien serreint hors de l'errur.
En cel liu fist une abbeie
Où il mist gent de bone vie ;
Chanoignes ruilez i ad mis

Si lur ad bien lur ordre apris   340
El cimitire veirement
Est la fose vers orient[23] ;
De mur l'enclost, portes i fist,
E bone ferméure i mist,
Pur ço k'um ni puet entrer
Si par lui nun ne là aler.
La clef comanda al Priur.
Si défendit ke nuit ne jur
N'entrast nuls Hom si par lui nun
E par tuz cels de la maisun.   350

El tens Seint-Patriz par licence
Pristrent li plusur pénitence,
Quant il esteient bien absola
Si vindrent là où lius fu.
Enz entrèrent séurement
Mult sufrirent peine è turment,
E mult virent horible mal,
De la dure peine enfernal ,
Après icele grant tristesce,
Virent grant joie è grant léesce ;   360
A k'il voleient cunter è dire
Fist seinz Patriz iluek escrire.
De ço furent la gent créanz,
Ke Seinz Patriz esteit disanz ;
Par cels qui estéient venu
De cel liu où orent véu

---

[23] Ceci tient à l'ancienne coutume de placer les autels et les chœurs des églises à l'Orient. C'est sous le règne de Louis XIV et vers le milieu du XVIIe siècle que les architectes ont négligé cette coutume. A Paris, la seule église de Saint-Benoit n'étoit pas tournée vers l'Orient, aussi le peuple l'avoit-il appelé Saint-Benoit le *bestourné*.

E les joies, è les dolurs,
Solunc les ovres de plusurs
Por ço k'iluek sunt espurgiez
Cil ki entrent, de lur péchiez ;   370
Ad nun cil lius Purgatoire
Qui tuz-jurs ert en mémoire,
E pur ço ke Deu demustra
A Seint Patriz è enseigna
Primes cel liuz issi diz
L'Espurgatoire seint Patriz.
Rigles ad nun là où fud mise
Li lius è fundée l'église.
Après cest fait ke jo vus di
Cist seinz Patriz s'alme rendi   380
Mult seintement à Jhesu-Crist,
Qui en sa gloire od lui la mist.
Après lui out en la maisun
Uns Home de grant religiun,
De bon estre è de seinte vie
Si fud Priurs del' Abbeie ;
De grant aage esteit forment
Si velz fud k'il n'out k'une dent.
Tut n'aient li veil maladie
Tant cum il sunt en ceste vie ;   390
Si dit seint Grégoires ki fèble
Sunt par lur veillesce è endèble.
Ici nus dit de cest Priur
K'il fist faire près del' dortur
E habitacle où il mansist,
K'il à ses frères ne nuisist.
Ne ne grevast pur ses fieblesce
Ses aages ne sa veillesce,
Li Chanoine de la maisun
Le mistrent sovent à raisun.   400

Beau-pière, pur Deu, dites nus,
Cum bien volez vivre entre nus ?
Li seinz Priurs lur respundi
Mielz amereie aillurs k'ici.
Ici ai-jo peine è dolurs ;
Joie è deliz aurai aillurs.
Icist frère qui à lui vindrent
La voiz oirent è retindrent
Des angles-Deu à lui parlanz
Lui è sa dent bénéissanz.   410
Frère, tu es béneurez,
E cel dent que vus avez,
Ke unkes viande ne mascha.
Ne ne senti, ne n'atucha,
Qui al quer venist à délit
Où tu éusses nul profit.
En ta viande n'out-il el
Fors ewe freide, pain, è sel ;
Tost après ço morust icist
S'alme rendi à Jhésu-Crist.   420

Seignurs si cum dit li Escriz
Plusurs genz el tens Seint-Patriz
E en autres tems autresi
Issi cum nus avums oï,
Dedenz l'Espurgatoire entrèrent
E puis après s'en returnèrent.
E meinz, è nuit mult retenuz
Qui furent périz è perduz ;
Cels ke revindrent le cuntèrent,
Li Chanoine tut embrevèrent,   430
Pur édifier autre gent
E k'il ne dutassent néent.
E si nus, dist-il, aukes plus

Ke ço fud custumes è us,
Cil qui einz voleïent entrer
E l'Espurgatoire espurver
A l'Eveske durent aler,
E lur confessiun mustrer ;
E c'après la confessiun ;
Lur Fereit l'Eveske sermun. 440
Seignurs, pur Deu, ni entrez pas
De là aler n'est mie gas ;
Mulz en i ad de retenuz
Ke jameis n'en èrent véuz.
Mais quant verreit certeinement
Ces tenir lur purposement,
Par lettres bien les enverreit
Al Priur ; si lur mandereit
K'il preist de els è garde è cure,
E meist en la fose obscure. 450
Quant esteïent à lui venuz,
Cil les avereit recéuz,
De lesser cel purpensement,
Les énortereit bonement,
E k'il pénitence préissent,
E en cel siècle la féissent.
Quant il nès purreit tresturner,
K'il ni volsissent pas entrer,
Dedenz l'église les mettreit,
E quinze jurs les i tendreit 460
En jeunes è en oreisuns,
En veilles è en afflicciuns ;
Puis mandereit Clers du Païs
E partie de ses Amis.
Matin freit-l'um messe chanter[24],

---

[24] Man. Matin freit *l'ume*, pour : au matin feroit-on.

E cels dèsqu' al' autel mener
Pur estre jà communiez,
E bénescuz è seigniez ;
L'ewe bénéïte sur hels
Jetèrent li Clers è cels.   470
Od processiun è od chant,
Si custume esteit devant,
A la porte dreit mènereient
Si l'ovreïent è défermeient ;
Là sermunereit li Priurs,
Si li mustereit les dolurs
Ke dedenz cel liu trovereient,
E ke jameis ne revendreient,
S'il n'éussent ferme créance
En Deu , è verreie espèrance.   480
E si dit k'al tens seinz Patriz
En i aveit-il des périz ;
Cil qui s'aveïent purposé
En enz estéïent affermé,
E ne volstrent pur lui partir,
Il lur irreit la porte ovrir ;
Cil fereient la croiz sur els
E entereient devant cels,
Puis clorreient après els l'entrée
En l'iglise de Deu amée.   490
Irreient tut li dret arrère
E ferreient pur els préière,
El demain vendreient oïr
Li quels empurreit revenir.
Si aucuns en fust revenuz
Mult à joie serreit receuz,
Puis demurreit el Deu servise
Pleinement quinzeine en iglise,
Puis contereit de s'aventure

E serreit mise en escripture ;   500
E cil qui n'en fust revenuz
Bien saveïent k'il fust perduz.

El tens le Rei Estefne dit,
Si cum nus trovum en escrit,
K'en Yrlande esteit un produm,
Chevaliers fud, Owens ont num,
De qui nus volums ci parler
E la dreite estoire mustrer.
A l'Eveske de cel païs
Où li Purgatoires est mis,   510
Vint Owens à confessiun
De ses péchiez querre pardun ;
Kar mult aveit sovent ovré
Contre Deu en grant cruelté.
L'Eveskes oït ço k'il dist
E coment il se régéhist :
Mult le blasma k'il out esté
En tel ovre è demoré ;
Par ses péchiez out irascu
Sun Créatur et offendu.   520
Li Chevaliers pur ses péchiez
Fud mult tristes è esmaiez ;
Pense ke digne pénitence
Fera solum la Deu-consence.
L'Eveskes li voleit doner
Solum ço k'il l'oït parler
Pénitence de ses péchiez
Dunt il pust estre alégiez ;
Li Chevaliers lui dist brefment :
Sire Eveske, n'en voil néent   530
E légièrement espenir,
Ne tel pénitence suffrir ;

Trop ai forfait à mun Seignur,
E offendu mun Créatur.
Por ço eslis, par Deu licence,
La plus griève pénitence ;
A l Espurgatoire en irrai
Seint Patriz, è là enterai
Ke jo seie de mes péchiez
E délivres è espurgiez.   540
Li Eveskes l'amonesta
De ço lesser ke il pensa,
N'est pas à aler covenable
Là où conversent tut li Diable.
Hom set bien ke mulz i entrèrent
Ke unkè puis ne returnèrent,
Nule pour de peine aver
Ne puet sun corage mover.
Li Eveskes vit sun corage
Si l'en orat k'à moniage   550
Si mesist entre bone gent,
Ou od Chanoignes en covent ;
Puis purreit-il plus seurement
Faire le suen purposement.
Il lui respunt ke nun fera
Jà nul habit n'en recevra
Fors tel cume l'avoit éu
De-ci k'il ait cel liu véu.

Quant l'Eveske si fermement
Vit k'il veut son purpensement,   560
Al Priur de cel liu manda
Par escrit k''il lui envéia,
Ke cel Chevalier recuillist
Al Purgatoire è le mesist,
Issi cum-il faire deveit

E cume la custume esteit.
Li Chevaliers vint al Priur
Il le reçut par grant amur,
E mult lui dist è sermona
K'ill leissast ço ke il pensa ;   570
Ha ! trop ai grant oppressiun
D'aler en tel perdiciun.
Tant ert fervenz en sun désir
Ne l'en puet li Priurs partir ;
Od lui l'amenad en l'iglise
Si cume costume est assise
Quinze jurs li fist demurer,
Orer, è veiller, è juner ;
Quant il out esté quinze dis
Si manda les Clers del' païs ;   580
Matin lui firent messe oïr
E escuter tut à leisir,
Puis reçut od dévociun
Le cors Deu od bénéïçun ;
L'ewe bénéïte jettèrent
Desur lui, après l'amenèrent
Od létanie, od oreisun,
E od bele processiun,
El liu où il deveit entrer,
Forment le hasta de aler .   590

Li Priurs ad l'us deffermé :
Devant tuz ad dit è parlé
Al Chevalier ; si lui mustra
L'entrée, è puis le sermona.
Amis, certes si tu créeies
Nos conseilz, jà ni entréies ;
Bien poz-ci ta vie amender,
E Deu servir è honurer ;

Mult i sunt entréz è perdu
Ne sout-hom k'il sunt devenu.   600
Kar n'orent pas ferme créance,
Bone fei, ne dreite espérance ;
Ne porent suffrir les turmenz,
Pur ço remistrent-il dedens ;
Par les grands turmenz ke il virent
Deu oblièrent è perdirent.
Si vus sur ço volez entrer
Ke vus m'oïez ici cunter,
Primes vus ferai ci oïr
Tut ço ke vus est à venir.   610
Li Chevalers li respundi :
J'i enterai, en Deu m'afi,
Pur mes péchiez espenir
E ke jo puisse à Deu venir.
Li Priurs dist : entendez, Sire,
ço que vus voil mustrer è dire.

El nun de Deu que vus créiez
En ceste fosse vus mettrez,
Par le crois de la terre irez,
Tant k'en un grant champ entrerez.   620
Une grant sale i troverez
Bien overé, si enterez :
Mult sont d'ovraigne qui la fist
E qui si feitement l'asist.
Dedenz la maisun vus serrez
Tant de bons messages aurez,
De part Deu à vus parlerunt
E si vus reconforterunt ;
Si vus enseignerunt assez
Iço que vus faire devez.   630
Après ço s'en départirunt

E à Deu vus comanderunt ;
Hastivement aurez après
Cruels messages è malvès,
Ço nus unt dit è conéu,
Icil qui de là sunt venu.
Nus le véïmes en escrit
Issi cum jo l'ai à vus dit.
Li Ber mustra mult bel semblant :
E devant tuz dist en oant,   640
K'il n'out dute de cel péril,
Qui les autres mist en eissil.
Kar la force de la dolur,
Des péchiez dunt il a pour,
Despit k'il nès voleit oïr,
Ne sun purpensement guerpir.
Li grant méfait de ses péchiez
Dunt ses cors ert pleins è chargiez,
Ne reduta mie à suffrir
Peine è turment pur Deu pleisir.   650
Cil qui devant fud bien armez
D'armes de fer è aturnez
E qui aveit grand hardement,
En estur pur veincre la gent ;
Or s'ert armez en tel mesure
Dunt li Diables n'éust cure.
De fei è de bone espérance,
E de justice è de créance ;
Par icestes vertuz sans faille
Veincra le Diable en bataille   660
Il dist à tuz : préez pur mei ,
Puis fist la croiz par devant sei ;
Hardièment od bon semblant,
En la fosse se mist avant .
La porte ad li Priurs fermée

Si se départent del' entrée,
Vont s'en od la processiun
El muster, è funt oreisun
Ke Deus eit pité è merci
Del Chevalier dunt jo vus di.   670

Li chevalers pas ne s'éfreie
Parmi la fosse tient sa veie ;
Ore hanterat ne dutez mie
Novele è forte chevalerie,
Merveille est k'il est asseur,
Cum il plus va, plus est obscur ;
Tute pert humaine véue,
Autre clarté lui est venue :
Petite fud, mais ne-purqant
Par cele tint la veie avant,   680
Tant ad erré par desuz terre
K'il vint al champ k'il alout querre ;
Une maisun vit bele è grant
Dunt il oït parler devant.
Tel lumère ad iluek trovée
Cum est d'yvern en la vesprée ;
Icest paleis aveit en sei
Entur une entière parei
Fait à piliers è à arches,
A vousurs è à wandiches ;   690
Cloistre ressemblout envirun
Cum à gent de religiun.
Li Chevaliers s'esmerveilla
De l'ovraigne k'il esguarda ;
Quant le palais out esguardé
Dehors , è tut entur alé,
Hastivement dedenz entra,
Assez è plus s'esmerveilla,

De ço k'il dedenz véu,
A-tant s'assist loant Jhesu.   700
Ses oilz turnat è sus, è jus,
Merveillat sei kar ne pout plus,
Ne cuida pas, c'en est la summe,
Ke cil ovre fust de main hume.

Il ni aveit guères estéquant
Quant en la sale sunt entré
Quinze persones simplement
Rès è tunduz novelement ;
Blancs vestemenz orent vestuz,
De par Deu lur distrent saluz.   710
Lez-lui s'asistrent envirun
En semblance de religiun ;
Tuit se turent : li uns parla
Mestre è Priurs d'els ressembla,
Al Chevaler dist ducement :
Béneit seit Deu omnipotent
Qui ad si bon purposement
Mis en tun quer, è hardement ;
Tun purpos è ta volenté
Parface-il par sa bunté,   720
E si te guart par sun plaisir
K'arère puisses revenir.
Ci venez pur vus espurgier
De vos péchiez è alégier
Barnilment t'estuet cuntenir
Où ici t'estuvrat périr.
Cors è alme en perdiciun
Lairas sans fin de raançun,
Ferme créance aies en tei
Retien ço que tu oz de mei.   730
Un andreit quant nus en irruns

En cest païs sul te lerruns ;
Grant multitudine verras
Des diables ; nel' dute pas,
Qui grant turmenz te musterunt,
De greignurs te manaçurunt.
Si en lur cunseil vus metez
E li creire les en volez,
Il promettrunt véirement
Ke hors vus merrunt salvement,   740
A l'entrée dunt vus venistes
Quant dedens cest clos vus mesistes.
Si vus quiderunt engigner
De ço vus voil bien acointer ;
Si vus créez lur fauz sermun
Si irrez en perdiciun.
Si par manace ou par turment,
Ou par malveis blandissement,
Estes esmaiez u bien veneuz
Finablement estes perduz.   750
S'en Deu avez ferme créance,
En ses nums è en sa puissance,
E ne séiez espuvantez
Des manaces que vuz orrez,
E les pramesses non vérables,
Ne créez ? K'il sunt décevables !
Mès despisez els è lur diz
Si serrez tensez è guariz ;
Puis serrez de tuz voz péchiez
E délivres è espurgiez,   760
Les granz turmenz è la dolur,
Où sunt livré li péchéur,
Pur les ovres d'iniquité,
Où il se furent aturné ;
Verrez apertement ici

E les granz joies autresi,
E les repos è la dulçur,
Où cil conversent sanz dolur,
Qui Deu servirent è amèrent,
E en bones oevres finèrent ;   770
E aiez tuz-jurs en mémoire
Deu qui est sires et reis de gloire .
Quant il vus mettrunt en turment
Jhesu-crist réclamez sovent ;
Par l'apel de cel nun puissant
Serrez délivres maintenant
En quel liu que séiez menez ;
E quel turment ke vus sentez,
Le nun Jhesu-crist apelez,
Gardez ke vus nel' obliez.   780
Délivre serrez par cel nun
Par la Deu grace le savun ;
Ne povuns plus od vus ci-estre,
Comandum vus al Rei célestre.

Après cele bénééiçun
S'en départirent li Barun.
Li Chevalers remis, sutis,
Apparillez, è ententis
De novele bataille emprendre,
Por-qu'à Deu puisse l'alme rendre.   790
Cil se combati mult sovent
Par prouesce contre la gent ;
Apresté s'est è covenables
De combattre contre Diables,
Bonement en Deu espérant,
Atent liquel vendrunt avant.
Des armes s'est-il bien armez
E bien garniz è aturnez ;

Haubere de justice out vestu,
Par quel le cors out defendu   800
Del' engin de ses anemis,
E l'escu de fiance out pris.
Haume out fait de créance
L'autre arméure d'espérance ;
Espeie ad del Seint Espirit,
Si cum li livres le nus dit.
C'est la parole Jhesu-crist
Ki de sun nun nomer l'aprist.
Mult lui fud cil Seint Nun cidables
K'il rescust sovent des Diables   810
K'il ne fust périz ne tenuz
Ne par leur grant turment veneuz.
La pitié de sun bon seignur
Nel' déçut pas en sa tristur.
Nun, feit-ele, nuli k'il eimt
Ne sa grant bosoig la recleimt ;
Issi armez cum jo vus di,
Li Chevalers suls attendi,
Les batailles espuntables,
K'il fera encontre Diables.   820

Il ni avoit guères esté,
Quant ad oï è escuté,
Une tel noise è uns tels criz ,
Cum si li munz fust esturmiz ;
Ke si tut li home del' munt,
Oisel, è bestes ke i sunt,
A une voiz criassent tuit,
Ni éust mie tant greignur bruit ;
Si ne fust de Deu la vertuz,
De laquele il se ert vestuz,   830
E les conforz k'il out éuz,

Des seinz Baruns k'aveit véuz,
Hors del' sen fust afolez,
Chauz à-val è estimez,
Après la grant noise è le sun,
Entrèrent tuit en la maisun,
Od hidus embruïssemenz,
Sur lui réchimèrent lur denz.
De sur tute autre créature
Esteit horrible lur figure ;   840
Trestut issi déffigurez
L'unt par grant eschar saluez,
E quant il l'aveient salué
Par reproche unt à lui parlé.

Li Home qui nus sunt servant
E en notre oevre demorant,
Venent à nus après lur fin,
E sunt à nus de tut enclin.
E vus, estes tut vifs venuz,
Bien devez estre reçéuz,   850
Greignur louer, greignur mérite
Deviez aveir, k'avez eslite
Nostre estre è nostre compaignie,
E venistes à notre envie,
Grant grace devum rendre à vus,
Ke vifs estes venuz à nus.
Autrement auruns nuis grant tort
Quant vus n'atendistesla mort ;
Ça vus venistes espenir
Voz péchiez par turment suffrir.   860
Ci aurez vus asez dolur,
Méserie, turmenz, è tristur,
Pur ço ke servi nus avez,
Si noz conseilz crère volez,

A la porte sein vus menruns
Où entrastes hors vus mettruns.
Lung-tens purrez el siècle vivre,
E vos déliz faire à délivre,
Si melz amez à remaner,
K'arière aler è joie aver,   870
Cruels peines è griefs turmenz,
Aurez od nus finablement.

Issi faiterèment parlouent
Li Diable è amonestouent
Li Chevaler k'à els turnast,
E sun purposement laissast ;
K'il volsist à els consentir
Ou par manace ou par blandir.
Mais li Chevaler Jhesu-Crist
N'out pour è ne ne se frémist ;   880
Ne blandissement, ne manace
Nel' deceit ke lur pleisir face :
En pais se sist n'out pour de els ;
Ne volt un mot parler à els ;
Il virent bien k'il les despist
Hidus semblant chescun li fist.

Un feu firent de maintenant,
En la maison merveilles grant ;
Piez è meins lui lient forment
El feu le jettent erralment ;   890
Od crocs de fer enz le butèrent,
Hidusement sur lui crièrent.
Li Chevalers en sa dolur
Apellat le nun del' Seignur ;
Si Enemi qui od lui sunt,
S'efforcèrent k'el feu parfunt

Le péussent entre els tenir,
E tut sun cors arder et bruir.
Quant icel grant turment senti
A Jhesu-crist criat merci ;   900
Icil nuns l'ad bien defendu
Del' premier turment où il fu.

Après cele invocaciun
K'il fist de cel seintisme nun,
Fust délivres, li feu esteint,
E icist grant turmenz remeint.
Qaunt li Chevalers ad véu
De Deu la force è la vertu,
En lui s'afie fermement,
E atent plus séurement   910
Les turmenz où il deit entrer,
E ço ke il deit trespasser.
Les Diables despit sans faille,
E lur turmenz, è lur bataille ;
En une waste régiun
Le meinent hors de la maisun,
Dunt la terre ert neire è obscure ;
Ni vit nule autre créature,
Fors les Diables ki le menèrent,
E ki tut entur lui crièrent.   920
Là out un freid vent è serri,
Ke lui parcout le cors parmi ;
Il nel' poeit nient oïr
Cest turment li covint suffrir.
Desques là l'unt trait è mené
Où li soleil neist en esté,
A la fin del siècle le meinent,
Ço lui fud vis par-tut le peinent.
Par une véie grant è lée

Le trestrent en une valée,   930
Cele part dunt li soleilz surt,
En yver quant li jur sunt curt.

D'autre part vers le su, à destre,
Lui mustrèrent perillus estre
Où il le meinent ; ad oï
Grefs pleintes, è dolurs, è cri ;
E cum plus alat aprimant
Plus oï pleinte è dolur grant.
En un grant champ l'unt puis mené
Plein de misère è d'amarté ;   940
Li Chevalers ne pout véer
La grandur del champ, ne savéer.
De tute manière de gent
Vit pleins cist champ veraiement,
A la terre tuz estenduz
Envers ; et si estéïent nuz.
Od clous de fer è meins è piez
A la terre sunt enfichiez ;
Pur l'anguisse de lur dolur
Mangèrent la terre à tristur.   950
Sovent diseient où haut cri :
« Esparniez nus, merci, merci. »
Ni aveit nul qui s'aleggast
Ne qui de riens les esparniast ;
Li Diables entr'els alouent
Sis batéïent è turmentouent.
Al Chevalier dient sovent :
« Vus sufferez icest turment,
« S'à nus ne vus voillez tenir
« E à nos conseils obéir,   960
« Se vus voillez certeinement
« Laisser vostre purposement,

« Hors vus remerruns seinement,
« N'i aurez nul blémissement ;
« S'od nus remanez finement
« Tuz-jurs aurez peine è turment. »
Il retint bien en sun pensé
Cum Deu l'aveit einz délivré,
Nule rien ne lur respundi,
Einz les despist ; è sis haï   970
E vers la terre le metteient,
Tut nu si cum li autre esteient,
E sis voleient cloufichier,
Mès il membra al Chevalier
Del' nun Deu ki l'out délivré,
Si ad Jhesu-Crist réclamé.
Cil turmenz ne lui pout nuisir
Li nuns Deu les fist départir.

D'iluek le traïstrent è menèrent,
Dedenz un autre champ entrèrent   980
Où greignurs turmenz ad véu
K'en cel dunt il esteit eisseu.
De chascun âge de la gent
Out en cel champ diversement ;
A la terre furent culché
Cume li autre è cloufiché.
Tels esteit la diversetez
De cels qu'en cel champ ad trovez,
E des autres k'il vit devant,
Sur les ventres èrent gésant ;   990
Les autres géséïent envers
Cloufichez à la terre od fers.
Dedenz cest champ où est venuz
Plusurs de ces i ad véuz
Qui adenz esteïent gisanz ;

Sur els véeit draguns ardanz,
Qui les poigneient è turmentouent,
Od denz ardanz les dévourouent.
Plusurs i vit qui èrent ceint
E de serpenz ardanz estreint,   1000
E par les cols è par les braz,
Mult i aveit dolereus laz ;
Od lur langues qui mult sunt fuines
Percent lur cors è lur pétrines
Od l'aguesce si traient fors
Ço lui ert vis les quers des cors.
Crapouz i vit merveilles granz
Ço luiert vis trestuz ardanz
Sur les piz des asquanz séient
Od lur becs que horribles aveient.   1010
A grant force èrent ententis
De traire les quers des chaitis ;
Cil qui èrent ici tenuz,
Ès granz turmenz k'il ad véuz,
Ne finèrent de doluser
De grefment pleindre è de plurer.
Li Diables sur els cureient
E flaëloent è si bateient ;
Chaitis est cil qui en tel peine
Par ses péchiez se traite è meine.   1020
Il ne poeit nient véer,
La grandur del' champ ne savéer,
Fors de tant k'il i fud entrez
E lée, de travers fud menez.
Le Chevalier unt apelée
Li Diable è à lui parlée :
Tuz ces turmenz que vus véez,
Aurez si vus ne nus créez.
Il les despit, cil s'entremettent,

Cum il en ces turmenz le mettent ;   1030
Il apelad le nun Jhesu,
Par cel apel délivrés fu.

Iluek l'unt treit, si sunt alé
Al terz champ où il l'unt mené
Plein de misérie è dolur,
E de criément è de plur ;
De tute manière de hée
I aveit gent trop grant plentée ;
E jurent adenz è envers
Fichiez en terre, od clous de fers   1040
Ardanz, des chiefs deci k'as piez
Par tuz les membres sunt fichiez
Si espès, ke nuls ni mettreit
Sun dei k'à clou ni tuchereit.
Ensi très grant anguisse esteient
K'avis unkes crier poeient
Fors cume gent qui fuissent morz
Tant estéïent lur turmenz forz
Nus estéïent è li friez venz
Les turmentout è hors è enz ;   1050
E li Diable si les bateient
Ke nule pitié n'en avoient :
Allas ! ke nuls deit déservir
Ke tele peine deit suffrir ;
Après unt li Diable dit
Al Chevalier sans nul respit,
« Itels peines suffrirez vus
« Se vus ne consentez à nus ;
« E lessez ço k'avez empris
« Ou turmentez serrez tut vis ».   1060
Il desdeigna è si despist,
Lur conseilz è nient ne fist.

Il le voleient ferme lier
E à la terre cloufichier
Si cum estéïent li peiné,
Qui là furent ; il ad nomé
Le nun Jhesu-Crist durement
Si fud délivrés erraument.
Tant l'unt trait è saché entr'eus
Qu'el quart champ le menèrent odeus,   1070
Tute manière de tormenz,
Là vit le Chevaliers dedenz.
Par les piez estéïent pendanz
Plusurs od chaënes ardanz
E par les mains è par les braz
Li plusur en dolereus laz.
E si avéït mult de ceus
Qui pendirent par les cheveus ;
Li plusur les testes à-val
Pendirent en flame enfernal   1080
Faite de sulphre qui ne funt.
Par les gambes liez à-munt
Li un pendeient cruelement
Od crocs ardanz diversement
Par oilz, par nés, è per oreilles,
De ceus i aveit-il merveilles ;
Par col, par bouche, è par menton,
E par les mameles, ço truvon,
Par génitailles, par aillurs,
E par les jouës les plusurs.   1090
Ceus vit li Chevalers pendanz
El feu qui est tuz-jurs ardanz,
En forneises de souphre espris ;
En vit ascans qui èrent mis,
Asquans en vit ars è bruiz
Qui sur graïl èrent rostiz ;

Asquans en vit mis en espeiz
E rostis od souphre è od peiz.
Li Diable les rostisseient
Divers métaus sur eus fundeient,   1100
Li autre Diable teneient
Maces de fer sis débateient.
Tute manière de torment
Vit sire Oweins en présent ;
De ses compaignuns ad véuz
Plusurs k'il a reconéuz,
Qui el siècle aveient esté,
Mès malement orent ovré.
Nul n'i purreit mustrer ne dire
Les plurs, è les criz, n'en escrire.   1110
Cist champs n'ert mie solement
Pleins de la tormentée gent,
Ainz ert des Diables plusurs
Qui es esteïent tormenturs,
Entr'eus le pristrent , s'il' voleient
Tormenter, mès il ne poeient
Le non Jhesu-Crist réclama
Par icel non se délivra.
Mult est cist nons duz à nomer
Par qui on puet se délivrer.   1120
Iluec le menèrent avant
Un torment vit merveilles grant,
Une rouë ardante è fuine
De-suz ert la flame souphrine ;
A la rouë si rai sunt mis,
Od crocs de fer ardant asis,
Fichiez furent espèssement ;
Sur ces crocs pendéient la gent.
L'une meitiez en terre esteit,
E l'autre en l'eir que tote ardeit ;   1130

Li chaitif qui de-sus pendeient
En la flame souphrine ardeient,
Qui de la terre veneit sus,
Si oscure ne poeit plus.
E li Diable apertement
Lui mostrèrent icel torment,
E lui dient tut en apert,
Que sil' à eus ne se convert,
Cest torment lui estot suffrir
E de-sur la roüe venir.   1140
Enz ke de de-sus vus encrouns
Apertement vus mosterouns,
Cum feit torment cil chaitif sunt,
Qui à la roüe pendu sunt.
Li Diable alèrent avant
Icele roüe avironant,
Li un del' une part esteient,
Li autre encontre qui tenoient
Grant pels de fer trestut ardanz
De la terre furent levanz.   1150
Icele roüe encontre-munt
Iceus li mustrent que i sunt ;
Plusurs unt d'autre manière
Qui la reboutouent arière,
Tant la tournouent cruelement
E tant alout isnelement,
Que nuls ne poeit cels porveir
Qui penduz i èrent véir.
Pur la flame ne pur l'ignelesce,
En grant miserie è en grant tristesce   1160
Furent icil qui là esteient
E qui cel torment susteneient.
Li Chevaliers ont entre eus pris
Si l'ont de-sur la roüe mis,

Contre-munt le firent lever.
Mais quant il deveit avaler,
Si ad nomé le non Jhesu,
Tout errament délivrés fu.

D'Iluec le traistrent maintenant
Sil' menèrent entre-eus avant,   1170
Tant k'il vit loinz une maisun
Fumose è de tro grant façun ;
Tant fud lée è de tel longor
Nuls ne pot choisir la grandor.
Là le treistrent hidusement
Loinz ert de cel herbergement
Quant la chalur senti si grant
Qu'il ne poeit aler avant
Il s'arestut ; cil le hatèrent.
Purquoi tarjout lui demandèrent ?   1180
Ço est un bains que vus véez,
Voillez ou non, là enz irrez.
Baignez serrez od ceus qui sunt
E qui ces bainz déserviz unt ;
Mult ad de ceux dedenz oïz
E granz dolurs è granz ploriz.
Quant en la maison fud venuz
Mulz i ad durs romenz véuz ;
Li pavement de la maison
Fui plain de foses environ   1190
Durement lées è parfundes ;
Si esteient de-suz tutes rundes
Si près d'autre chascun esteit
Que vis onques veie i pareit.
Ices choses dont nus parlum,
Esteient pleines ço nus trovum ;
De chascun est li cor boillant

E de chascun métal ardant.
Grant multitudine de gent
I ad véu diversement,   1200
De toute manière de hée,
Iluek esteient tormentée.
Tuz furent plungé li auquant
En cel métal chaut è ardant,
E teus i out de-ci c'as piz
E teus i ad desk'as numbriz ;
Teus as quisses, teus as genuz,
Grevouse peine i out à tuz ;
Teuz as gambes, è teus as peiz
El métal esteïent fichiez.   1210
Teus i tenéïent l'une main,
Teus ambedui de dolur plain
A une voiz tuz s'escrioient,
E si pleignoient, è dolusoient ;
Li Diables mult cruelement
Lui dient k'en icel torment
Serra jà mis è tormentez
S'il pas ne fait lur volentez
En un des baigns le vunt plunger.
Dunc remembra au Chevaler   1220
Del non Jhesu k'il apela
De cel torment le délivra.

D'iluec le mainent où il sunt
Tant k'il vindrent à un grant munt ;
De chascun âge de la gent
Trova iluec asemblement.
Sur les ortilz des piez esteient,
Curbes è nuz grant peine aveient,
Si grant pueple out de-sur cel munt
Que s'il n'éust plus gent el munt,   1230

Ço li ert vis bien suffireit
Icist pueples ke il véeit ;
Si cume gent mort attendanz
Vers aquilon èrent tornanz.
Li Chevaliers s'esmerveilla
De cele gent qu'il esguarda,
Kar il estéïent autresi,
Cum s'il demandassent merci.
Uns Diables lui demanda
Pur-quei de ceus d'esmerveilla   1240
Qu'il vit atendre od tel pour,
En peine, è en tel labour.
Autretel vus estot suffrir
Se à nus vus volez tenir.
Li Chevaliers mot ne respunt ;
Lever le quident sur le munt.
Quant devers aquilon revint
Uns venz qui grant tempeste tint
Qui tuz ensemble les leva
Horriblement, puis sis jeta   1250
En un flove freit et puant ;
D'autre part le munt guaimentant
En cel torment, è en cel cri,
Ert li Chevalers autresi.
Là lur covint grant freid suffrir,
Cum il voléïent sus venir
Li Diable les rebotouent
Od crocs de fer ens les plunjouent.
Li Chevaliers se remembra,
Le non Jhesu-Crist réclama ;   1260
De l'autre part fust en estant
De-sur la rive maintenant.

Puis sunt li Diable venu

A lui ; s'il traistrent vers le su
Tant k'il vit une flame oscure,
Sulphrine è puant sans mesure.
De chascun âge de la gent
Vit lever od l'embrasement
Homes ardanz cum estenceles
Qui hors del feu eissent noveles.   1270
En l'air montoient, puis chaïrent
Arière el feu, dunt eissirent
En liu ardent, è en puur,
E en tristesce, è en dolur.
Cum cest liu durent aprimier
Si parlèrent al Chevalier.
Véez vus icest pui flambant ?
Ce est l'entré d'enfer ardant.
Ici est nostre mansiuns
Finablement ça enz serruns ;   1280
Pur ço ke servi nus avez
Ensemble od nus ça enz serrez,
E tuit cil qui nus servirunt
Tous-jurs sans fin ci remeindrunt.
Si dedenz cest pui vus metez
E cors è alme périrez
Ça ens vus estoura venir
S'à nus ne volez obéir.
Se mieuz amez à returner
Arère vus ferons mener   1290
Sein è sauf sans blémissement,
Si porrez vivre longement.
Tant s'afia en Jhesu-Crist,
Que lur conseil è eus despist ;
Dedenz saillent li Adverser
Od eus traient le Chevaler.
Tant fud de cel torment hastez

Por poi k'il ne s'ert obliez
De nomer le non sun Seignur
Puis le noma par grant dolur.   1300
Quant Jhésu-Crist out réclamé,
La force del' feu l'ad levé
Od les autres en l'air en haut,
Mult ot iluec perillus saut.
De-juste cel pui avalout
Une pièce suls i estout,
Mult s'esmerveilla où il fu,
Diable sunt à lui venu
Que luièrent desconéuz
Autres que cil k'il out véuz.   1310
Au Chevalier parlèrent ci :
Estes-vus ore suls ici ?
Nostre cumpagnon vus mentirent
Quant pur veir entendre vus firent
Que l'entré d'enfer fud ici,
Sachez bien k'il vus ont menti
De ço sunt-il bien costumer ;
Por ço ke il volent engigner
La gent par mençonge è atrère
Quant il par veir nel' poent fère.   1320
Ci n'est mie la dreite entrée
D'enfer k'il vus orent mustrée,
Mès sachez bien la vus merruns
Le dreit enfers vus mosteruns.

Tant le traïstrent k'il levèrent
A une ewe k'il lui mostèrent
Horrible, è parfund, è puant
Là oït criz è noise grant.
Cele ewe estoit toute embrasée
De flame sulphrine od fumée ;   1330

Cele ewe ert de Diables pleine
Od lur torment e od lur peine.
Cil k'il menèrent distrent tant
Véez vus là cel flue ardant,
Des puiz d'enfer ist cel ardurs
Où nos dampnez serront tuz-jurs.
Par desur cel ewe ad un punt
Mult perillus à ceus qui vunt ;
Sur cel punt te covient aler
Nus i feruns le vent soufler,   1340
Que del' grand mont là jus porta
E en cest flove vus abatra,
Tut issi cum il vus ravi
En l'autre flove, è abati.
Nos compaignons vus retendrunt
El puiz d'enfer vus recevrunt.
Le punt vus estuet espruver
Cum vus porrez outre passer ;
Il levèrent contre-munt
Les piez metent sur le punt.   1350
Treize perilz i avoit trop grant
Desur le punt as trespassant.
Li premiers ert escolurgables
Nus ni tenist ses piez estables,
Tut i éust-il grant labur
Ne fust la force au Créatur.
D'autre part li punz esteit teus
Si estreit, ke nus hom morteus
Por nule rien ne se tenist,
Ço li fu vis k'il ne chaist.   1360
Li terz esteit demesurez
Que l'un puz ert si haut levez
Del flove, qui esteit ardanz,
Mult ert hidus as trespassanz,

Qu'il ne chaïssent contre-val
El dolerus puiz enfernal.
Iluec lui dient li Diable,
Qui sunt félun è decevable,
E encore te loruns nus
Que tut te tenisses à nus ;   1370
A la porte te remenruns
Où tu entras, hors te mettruns.
Al Chevaler ad remembré
De quel péril Deus l'out jeté ;
Le nun Jhesu-Crist réclama
Pas avant autre avant ala.
Tant cum il plus alad avant
E plus s'alad asséurant,
Kar li punz lui ellargisseit
E de dous pars si k'il véeit   1380
Tot fu li pont si esleissiez
Qu'uns chars i pout aler chargiez.
Un poi après fud si créuz
Si dous chars i éust venuz
Bien se poïssent encontrer
E largement outrepasser.
Li Diable qui l'amenèrent
Furent al flove è esgarderent
Cum il passa séurement
Dune crient tant hideusement   1390
Que li eirs remut è la terre
Greignor péril n'estoveit querre ;
Gréïgneur pour out de ces criz
Que des périlz k'il out sentiz,
Autres Diables vit parfunt
Qui jetouent lur crocs, à-munt,
De fer ke croker le voloient,
Mès à lui toucher ne poeient ;

Outre le pont délivrement
Passa puis senz encombrement.   1400

Li Autors nus fet ci entendre
Que nus devum essample prendre
Des grant turmenz k'avez oï
Dont li Livres nus cunte ci,
E des miseries que ci sunt
E des granz peines de cest munt.
Si ces peines estéïent mises
Contre les autres, è assises,
Ni aureit-il comparisun
Plus de Egle è del Pinçun.   1410
Teus sunt les peines enfernaus
E les méseises, è les maus
Que nuls nès porreit anumbrer
Plus ke gravele de la mer.
Qui de ço pensereit suvent
Ne se délitereit nient
En la vanité de cest munt
Ne ès délices que i sunt.
Mès li Cloistrer ne sevent mie
Qui cuident aveir dure vie   1420
Pur ço k'il sunt encloz dedenz
Quels est la peine è li turmenz
Qui sunt ès lius dunt nus parlum
E dunt devant mostré avum.
Se cele vie remembrassent
Sur tute rien la lur preissasent ;
Plus est légière ço me semble
Où cors è alme sunt ensemble.
Vie, senz, curioseté,
Ou dras, è vivre ad planté,   1430
Qui n'est cel où tant ad meseise,

Il ni ad rien que ne despleise ;
Pur ço vus voil amonester
Que des tormenz de les penser,
E si aidez à vos amis,
Que il ainz sunt en peine mis,
Si cum fud dit au Chevaler ;
Cil qui là sunt pur espurger
Serrunt de peines délivrez
Fors ceus qui sunt del' tut dampnez.   1440
Ceux qui par lius vit en torment
Ert délivrés véirement,
Par messes è par oreisons,
E par almones è par dons,
Qu'om done à povre gent por eus.
Tuit èrent délivres, fors ceus
Qui en la bouche d'enfer sunt,
Jamès de Deu merci n'aurunt ;
Es autres tormenz sunt nos pères,
Mère, sorus, parenz et frères,   1450
Attendans sunt à nos bien-fiez
Tant ke d'iluec les ait Deus treiz.
Ses' veissons corporelement
Ci entre nus suffrir turment,
Trop grant leidesce feriuns,
Se nus ne lur aidissiuns,
Greignur mestier en ont-il là
Que s'il fuissent entre nus ça.

Seint Grégoires testimonie,
Qui parole de cele vie,   1460
Que cil qui de cest siècle vunt
E en l'Espurgatoire sunt,
Qu'il sunt alégés par iceus
Qui almosne è bien funt pur eus.

Mult est grant mals quant en l'iglise
Devom escouter lur servise
Que plus volum à el entendre,
Quant Deu pur eus prière rendre ;
Co disons pur cels chastier
Qui s'en isent hors del' mustier,   1470
Quant hom dit des mors le servise,
Ester devreïent en l'iglise,
E prier mult dévotement,
Que Deus alégast lur torment.
Tels i ad qui délivres sunt
Ço sunt cil qui plus tost s'en vunt,
E s'il esteïent remembré,
De ço dunt nus avon parlé,
E il en éussent poour,
De la peine è de la dolour,   1480
Que cil chaitif sanz fin auront,
E des joies où cil irront,
Que servirent leur créatur,
En dreite fei è par amur.

Cist Chevaler dont ai parlé
Puis k'il aveit le pont passé,
Tut délivres ala avant.
Devant lui vit un mur si grant
Haut de la terre, en l'eir à-munt ;
Les merveilles que del' mur sunt   1490
Ne porreit nuls cunter ne dire,
Ne l'ovraigne, ne la matire.
Une porte ad el mur véue
Bien la de loinz aparcéue,
De précius métals fu faite
E gloriosement portraite ;
Porsise estoit de bones pères

Mult précioses è mult chères.
Li Chevaliers s'esmerveilla,
De la porte k'il esguarda   1500
Pur la clarté k'ele rendeit,
Qui des chères pierres eisseit,
Mult se hasta de là venir :
Contre lui vit la porte ovrir
Demie-liue ert loinz è plus ;
Quant vers la porte aprimà sus
Si senti une tel odur
Tant douz è si bone flérur,
Sur tutes les riens de cest munt
Qui onques furent ne qui sunt ;   1510
Fuissent aromatizement
N'atendreit-il à ço nient
A la douçur ke il senti,
Que tut le cors lui repleni.
Tut en recovra sa vertu
Del' torment qu'il aveit éu ;
Avis li fud par cel odur
Que tute perdit sa dolur.

Quant la porte vint aprismant
Un pas vit tut resplendissant,   1520
Là enz, aveit greignur clarté
Que li soleil n'ad en esté.
Mult i covesta à entrer ?
Bénéurez estoit cil Ber,
Qui tant out fait è deservi,
Que entre tel porte ovri ;
Cil ne le volt mie deceveit
Qui cel estre lui fist véeir,
Bien ad empli sun grant désir
Qui en tel liu lui fist venir.   1530

Encore esteit loinz de la porte
Quant il vit creiz que l'on aporte,
Palmes orines, ço trovuns,
Chandelabres è gomfanuns ;
Gens èrent de religiun
Qui firent la processiun,
Ço lui est vis k'en tut le munt
De ces qui furent ne qui sunt,
Ne fud unques tele véue
Ne si honestement tenue.   1540
De chascun aage de gens
E de chaque ordre ensement,
Vist formes d'omes è semblanz
Mult ert la compaignie granz ;
Vestuz furent diversement
Solum l'ordre que eus apent.
Li un èrent cum arcevesque
E li autre èrent cum évesque,
Li un abbé, li autre muigne,
E prestre, diacne, è chanuigne,   1550
E subdiacne, è acolite,
E laie gent à Deu eslite,
En tel forme è en tel semblant
Furent vestu aparissant,
Cum il furent n'en dotez mie
El deu servise en ceste vie.
Contre le Chevalier alèrent
Sil' reçurent, enz le menèrent
Od duz chant è duz mélodie,
E od le sont de l'armonie ;   1560
Quant il orent fini lur chant,
Dui arcevesques vont avant,
Se lui mostrèrent le païs,
Tuz les estres è le purpris.

Près parlèrent tut ducement
E distrent au cumencement :
Beneit seit li Rois de gloire
Qui t'a doné la victoire,
Que sormunté as les Diables,
E lur turmenz nun covenables,   1570
E ke si estes ci venuz,
E autel joïe recéuz.
Il le menèrent sus è jus
Tant i vit bien ne poeit plus ;
En cel païs vit tel clarté
Qu'à grant peine l'a esguardé,
Si cume li soleil le jur
Tolt as esteiles lur luur.
Issi toldreit, ço lui ert vis,
La grant clarté de cel païs,   1580
Al soleil tute sa luur,
Quant-il ad grant resplandissur.
Il ne puet véer la grandur
Del' païs, où tant ad dulçur,
Fors de la porte où il entra
En-tant cum hom li enseigna.
Si cum uns prez fust cist païs
De flors è d'arbres plantéis ;
Herbes i out de bone odur
E gentilz fruiz de grant valur.   1590
Tant aveit le quer repléni,
De la dulçur ke il senti,
Que ço lui esteit bien avis,
Qu'il en poeit vivre tut-dis.
En cel champ ad si grant clarté
Ni pot aveir nul obscurté,
La clarté del ciel i resplent
Nient escolurgablement.

De tute manière de hée
I vit gens à si grant plenté   1600
Qu'il quidout bien ke nuls vivanz
El munde n'en péust veir tanz ;
Par covenz estéïent partiz,
Par lius en joie è en déliz,
E ne puroc quant il voleient,
Del' un liu al autre veneient.
Grant joie orent communement
Li un des autres vereiment ,
E de la visitatiun
Que entre'els fesient envirun,   1610
Où k'il fuissent par grant douçur
Firent loange al Créatur.
Si diverseit bien lur vesture
Cum les esteilles par figure,
Si diversent en lur luur
L'une mendre, l'autre greignur ;
Li uns l'orent tute d'or fin,
E li autre vert ou purprin,
Li uns de jacinte culur
Bloie ou blanches cume flur.   1620

Cist Oweins sout de cele genz
Par les forme des vestemenz.
De quel mestier orent esté
E en quel mestier orent finé ;
Si cum variout les colurs
Avéïent diverses luurs.
Colur de gloire apparisseit
Sur tuz les dras k'il i aveit :
Li uns alouent coroné
Cume Rei è si atorné ;   1630
Li uns pourtouent en lur mains

Palmes orines, flors è rains ;
Tant fud cil estres délitables
Al Chevalier, è si mirables
De la dulçur è del' repos,
Qu'il vit là enz dedenz cest clos,
E des duz chanz k'il entendit,
Al Deu loenge è oït,
Chascun en sei s'esjoïsseit
De la joïe ke il aveit   1640
Por ço ke del' Espurgatoire
Estéïent amenez en gloire.

Cest païs ert si repleniz
De la grace Deu è garniz
Que bien porrent estre péuz
E de cel grace sustenuz.
Plosurs maisuns ont là enz
E mulz cumpaignies dedenz ;
Chascune aveit à grant planté
De la célestiene clarté.   1650
Tuit cil qui le Chevalier virent
Lur créatur si bénesquirent
Pur lui qui ert entr'eus venuz
Cum lur frère de mort eissuz ;
La grant léesce ad bien véue
Que tuit firent de sa venue,
Li duz chant è la mélodie
Des Seinz Deu est dedenz oïe,
Là enz n'out trop chaut ne trop freit,
Ne rien qu'amenusance seit.   1660
Quant k'il i out esteit pleisable
E peisable è tut acceptable
En cel repos si béneuré,
Vit de joïe si grant planté,

Que nuls ki en cest siècle seit,
Saveir ne conter nel' porreit ;
Or nus doint Deus ço deservir
K'à ces joïes puissons venir.

Quant li Chevaliers out véu
Cele grant joie è cel salu,   1670
Li Erceveske li menèrent
Un poi en sus à lui parlèrent.
Biau frère, ore as ici veu
Le désirer que avez eu,
Les tormenz è les granz dolurs
Avez véu des péchéurs ;
E les déliz è les repos
Des bons qui sunt dedenz cest clos.
Bénéiz seit qui te dona
Cest pourpos, è si affirma,   1680
E ke tu poïs endurer
Les granz tormenz à trespasser
Del Espurgatoire où tu fus,
E par grace venis sus.
Par Deu estes ici amenez :
Des choses que véu avez,
Vus dirrons la sénéfiance.
Aïez en Deu bone espérance,
Icist païs è cist estres
Ço est paradis terrestres,   1690
Dont Adams fud, pur ses péchiez,
Getez, è si fud eissilliez
En miséire è en amerté
El mund où li home sunt né ;
Puis k'il fut inobédiens
E n'en tint mie le défens,
Sun Créatur qui l'out formé

E manga le fruit devéhé.
Ultre ço ne pout-il véeir
Ces granz rives, ne cil manéeir ?   1700
Einz veit-il sun Créatur
E à lui parla par dulçur ?
Les Angles poeit-il véir
Ensemble od els grant joïes aveir ?
Hors fud jeté de cest païs
Par sun péchié cume chaitis,
A neire perdit la clarté,
Del' ciel par sa maleurté.

De sa char sumes nus tuit né
En misèire, en chestiveté ;   1710
Mès, par la fei nostre seignur
Jhésu-Crist nostre créatur
Que par baptesme recéumes
De dreite créance, è éumes ;
Sumes en cest païs venuz
Par la Deu grace, è receuz
Par Seint-Esperit ; entendons
D'autre vie mès ne povons
Saveir le tut certeinment,
Adams le sout veraiment ;   1720
Mès pur ço ke tant nus péchames
E de péchié nus encombrames,
Le nus estut espènir
Einz ke ci puissuns venir,
E estre en l'espurgatiun
Selunc ço ke feit nus avun ;
La pénitence ke préimes
Que devant la mort ne féimes
En ces lius là nus estut feire
Par où vus éustes repeire.   1730

Vus véistes tuz les turmenz
As chaitis qui furent dedenz ;
Tels as greignurs, tels as menors
Solum les ovres des plusors.
Cil qui plus pecchèrent el munt
Greignurs tormenz, iluec aurunt ;
Tuit cil qui sunt en granz turmenz
Que vus véistes là dedenz,
A nus vendront, bien le sachiez,
Quant il èrent tuz espurgiez,   1740
For cil qui el puz d'enfer sunt
Jamès de cel torment n'istrunt.
Chascun jur vienent ci à nus
Cil qui des peines sunt rescus,
A grant joïe les recevun
Od mult bèle processiun,
Puis sunt od nus dedenz cest clos
En grant joie è en grant repos.
Cil qui el mund sunt espurgiez
De lur péchiez è alégiez,   1750
Trespasserunt légièrement,
L'Espurgatoire è le torment ;
Hastivement à nus vendrunt,
Al plaisir Deu i remaindrunt,
Nuls de ceus qui en peine sunt
Sevent cum bien il i serunt,
Ne cum bien il i unt esté,
Cest tut en la Deu volenté
Quant hom fait pur eus orcisons.
Misses, è almone, è dons,   1760
Lur tormenz sunt amenusez
Ou del' tut en sunt allégez;
Ou l'om alege lur dolurs,
Ou l'om les met en plus menurs.

Quant il sunt tut hors de torment
A nus vienent joïssantment,
Il ne sevent quant il i sunt
Cum-bien il i demorerunt,
Ne nus méismes ne savons
Cum-bien demorer i devons.   1770

Si cumli chaitif en turment
Sunt travaillé plus lungement,
Pur les granz péchiez ke il firent
Tant cum-il el siècle vesquirent ;
Si sunt li autre meins péneit
Qui meins firent d'iniquiteit,
Si est de nus qui sumes ci
Selune ço k'avum déservi,
Devuns ici plus demurer
Einz greignur joïe amunter.   1780
Que tut séuns nus délivrez
De tutes peines è salvez ;
Ne pouns nuns mie uncore estre
A la grant léesce célestre,
Vus véez bien ke sans dolur,
Sumes ici en grant dulçur,
En mult greignur joïe vendrons :
Mès quant ço ert ? Nus nel' savons.
Nostre cumpaignie bien descreit
Chascun jor si cume ele creist,   1790
Li espurgiez vienent ici,
E li autre si cum jo di,
Vunt de cest paradis terestre
Deci k'en paradis célestre.

Li Arceveske qui iluec sunt
Li menèrent en un haut munt

E lui dient k'il atornast
Ses oilz à-munt, si esguardast :
Se lur diseit de quel colur
Li ciel esteit en sa luur ?   1800
Il lur respundi maintenant
Qu'il resemblout or flambéant ;
De si grant clarté fut espris
Que tuz ardeit ço lui est vis.
Ço est l'entré, biaus-amis,
De célestien Paradis ;
Quant aucun deit de nus torner,
Par cele porte deit entrer.
Sachez ke par iluek s'en vunt
Cil qui el ciel montent à-munt.   1810
De la viande célestiel
Nus peist nostre Sire del' ciel
Une fie par chascun jur
Par sa grace et par sa dulçur ;
Jà gusterez ensemble od nus
La viande k'il done à nus.

Puis unkes avéit ço dit
Quant li fus del' Seint Espirit
Descendit del' ciel, lui fud vis,
E raampli tut le païs   1820
E si cum li roi del' soloil
Bien le puet-hom véer desoil.
Les chiefs de cels environa
Dedenz els se mist è entra ;
Le Chevaliers, n'en dutez mie,
En reçut od eus sa partie,
Si grant joie è si grand délit
Out en son quer, è si parfit
E cel dulçur, k'il ne saveit

Ou morz ou vifs quels il esteit.   1830
Mès cel hure est tost trespassée
Que tel grace lur est donée ;
De tel viande sunt péuz
Cil qui el ciel sunt recéuz.
Li Chevaliers si il poïst
Tuz-jurs sen fin i remansist ;
Après cele très-grant léesce
Qu'il ad éue aura tristesce.
Li Arceveske maintenant
Al Chavalier diseïent tant   1840
Des-or poez bien repairer,
Veu en avez tun désirer
Les granz joïes de Paradis,
E les granz peines des chaitis,
Par la véïe vus en irrez,
Dunt vus estes ça enz'entrez.
Sel' siècle vivez léaumeut
Siez séur certeinement.
Après vostre mort vus vendrez
En la joïe que vus véiez ;   1850
Si vus vivez de male vie,
Deu doint ke ne facez mie,
A ces tormenz que vus savez
Pur espurgiez repérirez.
Hastez vus tost aler d'ici,
Bien sachez ke li enemi
Ne vus porrunt mie apresmer,
Ne par turment nient blescer.

Li Chevalier plure è suspire
As éveskes comence à dire   1860
Ke il ne s'en vout nient partir[25]

---

[25] Qu'il ne s'en *vont*.

Kar ne quide jamès venir
Pur les grevous péchiez del' munt,
Qui encombre ces qui i sunt ;
Ne sait ke ma remaint ici
Si cum jo suis par Deu merci.
Li dui arceveske unt parlé :
N'ert pas frère à ta volenté.
Hors à la porte l'unt mené,
A Jhésu-Crist l'unt cumandé,   1870
La porte cloent, è il s'en va
Parmi les lius où il passa.
Quant li diables le véeient
Huntuns èrent, si s'en fueient ;
N'aveit doute de nul torment
Ne n'en senti blémissement.
Al paufis vont qui est mirables
Où il vit primes les Diables,
Dedens s'entra puis s'asist jus,
Merveilla sei, ne poeit plus,   1880
De l'ovraigne de la maisun ;
Après ço vindrent li barun
Qui enz orent à lui parlé,
Si l 'unt de par Deu salué,
Deu loèrent, è sa puissance
Qui en si ferme parmanance,
L'unt fait ester è meintenu,
Par quei li Diable out veincu,
E k'il ert de touz ses péchiez
E délivres è espurgiez.   1890
Biau frère chier, or vus hastez,
Délivrement vus en alez,
Que vus ne seïez ci suspris
Il adjorne en vostre païs ;
Li Priors ert encuntre vus

Qui de vus ert lez et joius,
A grant joïe vus recevra
E en l'iglise vus menra,
La porte ert après refermée
Par où vous éustes l'entrée ;   1900
Il reçut lur bénéiçon,
Si s'en issi de la maison.

A la porte vint de cler jur,
Encontre lui vint li Priur
Qui volontiers l'ad recéu
Mult fu lez quant il l'out véu ;
En l'iglise le fist entrer
E quinze jurs là demorer
En jeunes è en oreisuns,
En veilles è en afflicciuns :   1910
Puis reconta tut ce qu'il vit,
E il le mistrent en escrit
En honur Deu sun créatur ;
Croiser se fist par grant amur
Requerre le voloit el lieu
Où le cumdampnèrent li Jeu[26].

En Jerusalem en ala,
En en arière repaira
A son seignur le Rei revint
E il volontiers le retint ;   1920
Tut en ordre li ad cunté
De sa vie la vérité,
Conseil lui quist è demanda
De sa vie k'il en loa,
S'il déust moigne devenir,

---

[26] Il vouloit reconquérir le lieu où les juifs l'avoient fait mourir.

Ou quel religion tenir.
E li Rei lui ad respondu,
Chevaliers seit si cum il fu :
Ço lui loa-il à tenir
E poeit-il Deu bien servir,   1930
Si fist-il bien tute sa vie
Puis autre ne changa-il mie.

En icel tens issi avint
K'un des Moignes de Cisteus vint,
Que lur Abés i envéa
Par qui à icel Rei manda
D'un liu k'enceis li out promis,
Pur ço l'aveit à lui tramis,
Pur saveir où li lius sereit,
Ou l'abbéïe fundereit.   1940
Gerveises out li abés nun
Mult fud de grant religiun ;
Cil de Cisteus qui envéa
A cel rei d'Irlande è manda
Par Gilebert, un sein profès
Qui fud Abés par sun decès,
De l'abbéïe k'out promise
Où ele devreit estre asise.
Li Reis lui fist le liu mustrer
Où l'Abbéïe volt funder ;   1950
Li Moines dist k'il ne saveit
Coment il i arestereit :
Il ne saveit ne n'out apris
Le language de cel païs.
Le Reis lui dist, n'en doutez mie
Jo vus mettrai en compaignie
Un prodome bon latinier :
Donc apela le chevalier

Owein ; si li préia è dist
K'od lui alad, si la presist.   1960

Bien l'otréa li Chevaliers
E dist al Rei ke volentiers
Le servireit à sun pleisir
Que de ço faire out grant désir ;
Veirs est nel' céler ore mie
Tant com jo fud en l'autre vie,
Vi-jo, si l'ai bien en mémoire,
Ke cil furent en greignur gloire
De lur ordre è de lur covent
Que tuit le plus del' autre gent.   1970
Issi remist od Gilebert
Li Chevaliers, è bien le sert ;
Meis ne voleit changer sun estre,
Moigne ne convers ne volt estre,
En non de chevalier morra,
Jà autre abit n'en recevra.
Cil dui fundèrent l'abbéïe
E mistrent genz de bone vie ;
Gilebers en fu céfériers
E Oweins fu ses latiniers.   1980
Mult parfu bon léaus serganz
E en tuz ses bosoigns aidanz ;
Ensemble dous ans è dimi
Furent, è puis s'en départi.
Gileberz dit ke seintement
Viveit, è mult honestement :
Tant com li Chevaliers i fu
Mult en out grant cunfort perdu.
Après ço par confessiun
Laissèrent tute la maisun   1990
Li moine, autre maisun querre

Vindrent alue en Engleterre.
Li Chevaliers honestement
Remist è vesqui seintement ;
Quant il morut à Deu rendi
S'alme ke bien l'out déservi.

Cist Gileberz cunta suvent
Ces choses devant meinte gent
Pur édifier les oïanz
E k'à bien fuissent entendanz,   2000
Un en i out qui ço oï
Duta k'il ne fust mie issi ;
Gileberz en respundi tant
K'il n'èrent mie bien créant,
Qui dient k'espiritelment,
Véïent, è non corporelment,
Quant il entrent en la maisun
Que est de Deu espurgaciun,
Les granz peines è les turmenz,
Qui sunt establiz là dedenz.   2010
Li Chevalier tut ço desdit,
Qui tut corporelment le vit,
En char è en os les tormenz
Suffrir quant il fud là dedenz.
Se ço ne volez ottrier
Ne ne créïez le Chevalier
Créïez mei ke de mes oilz vi
Ço ke je vus dirai ici.

Jo fu jà en une maisun
Où out de grant religiun,   2020
Un Muignequi mult se pena
De Deu servir, è mult l'ama ;
El dortur vit apertement,

Une nuit entre le cuvent,
Si cum il jut è dut dormir
Les Diables à lui venir,
Qui corporelment le ravirent,
E del' dortur le départirent,
Si ke li covenz nel' sout mie
Tant orent de ses ...... envie[27],   2030
Treiz jurs è treiz nuiz l'unt tenu
Li covenz ne sout où il fu.
Puis le portèrent à sun lit,
Enz le jetèrent par despit
Tut flaélé è débatu,
Desk'à la mort è navré fu ;
Plaïes out parfundes è granz
Par tut le cors aparissanz ;
Il méismes les me mustra
Apertement, s'il me conta,   2040
Ço sachiez bien k'on ne pot mie
Saner ses plaïes è sa vie ;
Mult èrent horribles è granz
Tuz-jors noveles è parissanz
Tel plaïe i out que fu runde
E desmesures è parfunde.
E me dit k'a sun plus lung deit
La parfundesce n'atendreit ;
E quand il vit la joune-gent
Galber desordenéement   2050
Tuit apertement lur diseit,
S'il séussent k'els atendeit,
E quels tormenz è quel ennui
Il ne gabbèrent nul de lui.
Quinze anz après sun tens fini

---

[27] Il manque un mot dans le manuscrit.

Jo nel' ai pas mis en obli,
Gileberz conta icel fait,
Al Autor k'il nus ad retrait,
Si cum Oweins li out conté,
E li Moignes dunt j'ai parlé,   2060
Tut ço que je vus ai ei dit,
E tut mustré par mun escrit.

Puis parlai-jo à dous abbez
D'Irlande èrent bons ordenez,
Si lur demandai de cel estre
Si ço poeit véritez estre.
Li uns affirma ke veirs fu
Del' Espugatoire è seu
Que plusurs home i entrèrent
Qui unkes puis ne retornèrent.   2070

En cel an méïsme trovai
Un eveske à qui jo parlai,
Nevoz fud al tierz seinz Patriz
Qui compaigns ert seinz Malachiz.
Florenciens aveit à num ;
Il me conta en veir sermun
Ke l'Espurgatoire ert assise,
E sa evesche, è là fud quise ;
Ententivement lui enquis,
Si ço fust veirs ke l'en ert vis.   2080
E il me dist certeinement
Que c'esteit vers, é dist coment
Que plusurs mult entrèrent jà
Dunt unkes nul n'en repaira.
Tels i out k'arère vindrent
E qui les tormenz sustindrent,
Tuz-jurs furent plus en langur

E perdirent dreite colur,
Pur les tormenz qu'il orent là,
E les anguises k'il greva.   2090
Si puis fuissent de bone vie
A als serreient, ne dotez mie,
E délivres de lur péchez
Kar il en furent espurgez.
Près de cel liu ad un seint home
Que nus tenons à mult prodome
Hermites est, de bone vie ;
Chascune nuit, ço ne faut mie,
Ot les Diables assembler
Entur sun purpris, è parler.   2100
A neire après soleil couchant
A véue tuz venent avant,
E si tenent lur parlement,
Einz le jor partent veirement ;
En dementiers k'il iluec sunt
Al meistre dient ço k'il funt.
Li Seinz les veit apertement
E ot lur contes mult sovent
A sa celle le vont tempter
Mès ne poent dedenz entrer.   2110
En semblance de femmes nues
Se mustrèrent ; là sunt venues
Pur lui deceivre è engigner,
E feire sun porpos lesser ;
Par eus entendi de la gent
La vie de plusurs sovent.

Quant li Eveskes ne dist plus,
Uns suens Chapeleins leva sus
E dist : Sire, jo contereie,
Si vos congé en avereie,   2120

Del Seint Home ço que jo vi
E ço que jo de lui oï.
Li Eveskes lui dist : cuntez ?
Li autre dist : bel sire, oïez ;
La celle où cist Seinz est mananz
Cent liues loinz longes è granz
I avest del' munt seint Brandan
Où uns autre out esté meint an,
Qui aveit cele vie eslite,
E ke l'on teneit pur hermite.   2130
Jo ving parler à cest Seint Hume
E il me dist, c'en est la sume,
K'il n'out unques si grant désir
De rien qui péust avenir.
Cum il aveit éu sovent
D'à lui parler à sun talent,
Jo demandai pur quei ço fu
Que tel désir en out éu ;
Pur ço ke, j'ai sovent oï
Les Diables racunter ici   2140
En gabbant trestute sa vie.
Cum hermites ne vit-il mie
Quant il venent ici les nuiz,
Ço est lur joie è lor déduiz,
De lui è des autres reprendre,
K'il funt à lur oevres entendre.
J'oï l'autre nuit véirement
Ço que jo vus dirai briefment ;
L'autre nuit furent ajusté
Li Diables, ici assemblé ;   2150
E contèrent à lur seignur
Ço k'il aveïent fait l'onur.
Avant veneïent un è un :
Li Maistre d'els apela l'un

E lui fist une tel demande
Si aporté out point de viande ?
Oïl, dist-il, pain è férine,
Furmage è bure en ma seisine.
E ù le purcachastes vus ?
Jol' dirrai, fait-il, bien à vus.   2160

Dous Clers vindrent à un Vilein
S'il demandèrent de sun pein
Par charité, è autre bien
Il ne lur voleit doner rien ;
E si out assez garnisun
Pain è viande en sa maisun .
Li Vilein se prist à jurer
K'il ne lur out rien ke doner,
E por ço k'il se parjura
Pris ço k'il out, è perdu l'a ;   2170
De ço aveie-jo poesté
Ci-devant vus l'ai aporté.
Après iço s'en repairèrent
Li Diable è iluek laissèrent,
La viande k'il out emblée
Au Vilain, è l'a aportée.
Matin i ving, si l'a trovai,
En une fosse la jettai ;
En dute fui k'om la trovast,
S'aukuns venist si la mangast.   2180
Uncor vus voil-jo plus conter
Dunt chascuns se deit amender,
E guarder d'engin del' Diable
Qui est subtil è décevable.

Uns Prestre esteit de seinte vie
De Deu servir ne cessa mie,

Matin levout al Deu servise ;
Mais enz k'il entrast en l'iglise
El cimetire demourout,
E ses quinze salmes chantout   2190
Pur les almes dunt li cors sunt
En cel liu è par tut le munt.
Chastement se tint è garda
E bien è bel endoctrina,
Iceus qui en sa garde esteient
E sun conseil creire voleient.
Sovent se pleinstrent li Diable
De sa vie nun reparnable,
E ke nuls ne poeit turner
De Deu servir ne de l'aurer.   2200
Li maistre Diable si blasma
Ses serganz, ke nuls nel' tempta
E nel' osta de sun purpens ;
Li uns li dit : mult a long-tens
Que j'ai entur lui demoré,
Ore à primes ai tant ovré,
Qu'entre ci è quinze ans l'aurai
Enfantosmé ; s'il décevrai
Par un engin ; mès ne pot estre
Ke enceis seit deceu li Prestre   2210
Par une femme ai purvéu
Que donc l'aurai tost decéu.
Li Mestre dit : mult avez fait
S'en cel terme l'avez atrait
De péchier par temptacion,
De mei averez bon guerdon.
Al demain si cum il soleit
Leva li Prestre è ala dreit
El cimetire, è ad véu
Un enfant qui jetez i fu,   2220

Delez la croiz jetez esteit,
Feme le fu, il l'a preneit.
Nurice quist, si la bailla
Cume sa fille la guarda ;
Il la feiseit lettres aprendre,
Al Deu servise la vout rendre
Quanz ert en lée de quinze anz
Mult ert bèle et crue è granz,
Li Prestre la guarda sovant,
Par le Diable énortement ;   2230
De sa beauté s'esmerveilla
E en sun quer la coveita.
Cum plus sovent la vit le jur
Tant fud plus espris de s'amur,
Il la requist, el l'otria
De faire ço que lui plerra.
La nuit après einz qu'il féist
L'ovraigne dunt il la requist,
Furent li Diable assemblé
Chascuns ad sun fait recunté ;   2240
Cil qui entur le Pestre fu
Ad devant tuz bien reconu,
Ço k'il promist dedenz quinze anz
Or ert li fait aparissanz.
Demain ert li Prestre traïz
E par la femme maubailliz,
Qu'il ad pur sa fille tenue,
Quant à sun lit l'avera eue ;
Einz midi ke chascuns l'oïe
Mult en firent entr'eus grant joïe :   2250
E lui è li ambdui auruns
Kar ensemble ies décevruns
Li meistre dit : vols-tu aïe ?
N'ai-en, dist-il, jo n'en quier mie ;

Mult li saveit bon gré ses mestres,
Or oïes cum ovra li Prestre.

El demain la meschine apele :
Si lui dist, tant ore à le bele,
Là enz cucher desur mun lit
Si acumplirai mun délit.   2260
La meschine délivrement
Aveit fait sun cumandement,
Li Prestre vint si l'esguarda,
Mult durement se purpensa,
Del' ovraigne k'il deveit faire
Où li Diables le voleit traire ;
Par quei aureit le bien perdu
K'il aveit fait è meintenu.
La grace de Deu i ovra
Hors s'en issi, cele i leissa   2270
Un coutel prist k'il aporta
E ses génitailles trencha,
Hors les geta de maintenant
E puis dist as Diables à-tant :
Oez, espiriz maufessanz,
Jamès ne serrez joïssanz
De la nostre perdiciun
Par ceste maveise achaisun.
La nuit après ke cest fait fu
Sunt tuz li Diable revenu ;
Li meistre d'eus apele avant   2280
Celui qui lui out covenant,
Ke einz miedi aureit le jur
Traï le Prestre en sa folur,
Demande lui k'il en ad feit ;
Il respundit malement : veit
Tut mun travail j'ai perdu,

Devant tuz lur ad conu
Cument le Prestre aveit esté,
Assez aveit de tuz malgré ;　　　　　　　　2290
Lur mestre dist à ses privez :
Al, fait-il, si le me batez
E flaélez mult durement
Dunc s'en partent od cel turment.
La meschine dedenz l'iglise
Mist li Prestre al Deu servise.

Jo Marie ai mis en mémoire
Le livre del' Espurgatoire,
En romanz k'il seit entendables
A laïe genz è covenables ;　　　　　　　　2300
Or preïom Deu ke pur sa grace
De nos péchiez mundes nus face.

　　　Amen.

77